ADRESSE AU ROI

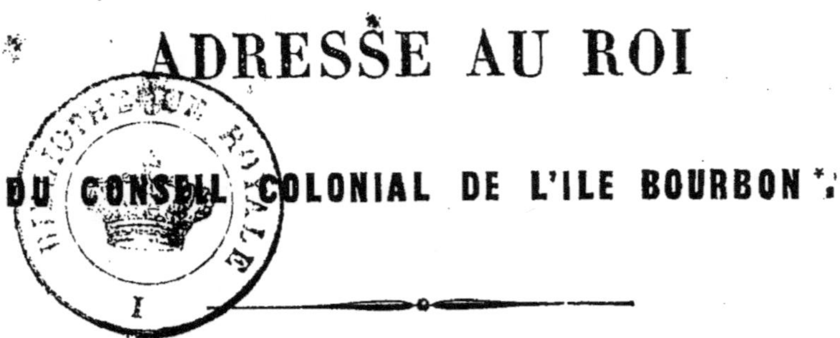

DU CONSEIL COLONIAL DE L'ILE BOURBON *;

Sire,

Confiant dans votre haute sagesse, le conseil colonial de l'île Bourbon croit de son devoir d'appeler de nouveau l'attention de Votre Majesté sur une île malheureuse, autrefois appelée la France orientale, sur laquelle nos pères firent briller les lueurs du christianisme et de la civilisation, et qui maintenant, délaissée, se dégrade dans les plus avilissantes superstitions, et se débat dans les convulsions de l'anarchie. La conscience d'avoir pressenti tout ce qui est arrivé nous anime d'ailleurs et nous encourage : la ruine de notre commerce, à laquelle préludait depuis long-temps la cour d'Emirne, aujourd'hui consommée, n'avait pas échappé à nos prévisions; elles sont consignées dans une adresse déposée respectueusement au pied de votre trône, et qui avait été délibérée à l'île Bourbon plus d'un mois avant les sanglants événements de Tamatave. D'un autre côté, la discussion qui a eu lieu dans le sein des Chambres, aux séances des 5 et 6 février 1846, démontre combien les faits relatifs à Madagascar sont peu connus, et nous impose l'obligation de les rappeler avec précision, en vous soumettant quelques nouvelles considérations.

Les habitants de Bourbon apportent dans la question de Madagascar, avec toute l'autorité d'une expérience locale, un témoignage désintéressé. En vain la pureté de leurs sentiments tout français a pu être méconnue, il est manifeste que le jour où le drapeau national flottera sur les hauteurs d'Emirne, ou sur les rivages de la magnifique baie de Diégo-Suarez, Bourbon doit commencer à s'amoindrir et à s'effacer. Notre dépendance est inévitable; les produits de notre sol doivent même s'avilir par la concurrence de ceux de Madagascar, dont le prix

---

* La commission était composée de MM. Patu de Rosemond, P. de Greslan, et T. Ruyneau de Saint-George, rapporteur.

1

de revient serait nécessairement moins élevé. Mais de telles préoccupations ne sauraient nous arrêter. Français jusqu'au fond du cœur, nous voulons avant tout la grandeur et la puissance de la mère-patrie; et, sans contester les compensations que la colonisation de Madagascar peut nous réserver en assurant notre nationalité et en ouvrant des chances d'avenir à nos enfants, notre principal désir est de voir s'élever la fortune de la France et s'accroître ses richesses. Tels sont, Sire, nos véritables sentiments; ils nous pressent de vous exposer dans une nouvelle adresse les faits et les principes qui établissent notre souveraineté sur Madagascar, et en même temps la haute utilité et la facilité de la colonisation.

La souveraineté de la France sur Madagascar doit être envisagée sous un double rapport : d'abord quant aux peuples de l'Europe, et ensuite relativement aux indigènes.

Quant aux peuples de l'Europe, c'est un principe fondamental du droit international que toute terre nouvelle, et non civilisée, appartient à la première nation qui y plante son pavillon, pourvu que des actes successifs attestent l'intention qu'elle a de s'y établir.

Christophe Colomb avait abordé les rivages de l'Amérique; Vasco de Gama, non moins hardi, avait franchi le cap des Tempêtes : un champ sans limites s'ouvrait désormais aux navigateurs de toutes les nations; un irrésistible élan avait été donné : tous les pavillons de l'Europe se montrent à la fois sur les mêmes mers et poursuivent les mêmes conquêtes. Les plus sanglantes collisions devenaient inévitables. Les nations européennes allaient s'exterminer sur le terrain même de leurs découvertes, et à la vue des peuples qu'elles venaient pacifier et civiliser. C'est alors que sortit du fond même de la conscience cette loi salutaire, et universellement admise, que dans les pays nouveaux tout pavillon doit se retirer devant un autre pavillon qui l'a précédé. C'est le sentiment unanime qui l'a proclamée; elle devient sur les mers la base du droit des gens. Depuis trois cents ans ce principe tutélaire a été tour à tour invoqué et accepté par les Espagnols, les Portugais, les Hollandais, les Français et les Anglais. Il est le fondement de cette sécurité parfaite qui permet au peuple néerlandais de développer lentement, mais sûrement, son commerce et sa puissance au sein de ce grand archipel qui commence au golfe du Bengale et se prolonge jusqu'aux mers de la Chine.

L'Angleterre ne pourrait le méconnaître sans saper par sa base tout l'édifice de sa grandeur coloniale.

La France peut aujourd'hui en réclamer l'application, avec d'autant plus de fermeté qu'elle en a supporté avec plus de résignation toutes les conséquences, lors même que ses plans étaient contrariés et ses intérêts blessés. Ainsi nos projets sur Sumatra et l'Australie ont été abandonnés aussitôt que la Hollande et la Grande-Bretagne nous eurent fait connaître leur désir d'agrandissement ultérieur sur un territoire dont elles n'occupent pas encore aujourd'hui la centième partie; ainsi nos armements pour la Nouvelle-Zélande se sont arrêtés devant une expédition anglaise qui les avait précédés. Ce sont des faits récents; et les documents qui s'y rattachent se retrouvent dans les archives du ministère de la marine.

Au surplus, ce principe ne semble pas devoir subir plus de contradiction de nos jours qu'il n'en a subi pendant trois siècles. Nous n'avons plus qu'à apprécier les faits. Déjà nous les avons exposés sans art et avec fidélité dans une première adresse. Nous allons en faire une nouvelle et simple analyse. L'histoire abrégée du passé deviendra, sans efforts de notre part, la démonstration de notre souveraineté, tant les faits se suivent et s'enchaînent avec le même caractère, se rapportant constamment à un plan unique, quelquefois suspendu et jamais abandonné.

L'île de Madagascar paraît avoir été découverte, vers 1506, par le portugais Lorenzo d'Almeïda.

Depuis 1506 jusqu'en 1642, les Français, les Portugais, les Anglais, se montrent successivement sur ses côtes, mais ne descendent sur ses rivages que pour les abandonner aussitôt.

Cependant un ministre à jamais célèbre, et doué d'un admirable instinct, a déjà compris la haute importance de Madagascar; et, le 24 juin 1642, des lettres patentes données par Louis XIII déclarent la souveraineté de la France sur la grande île africaine.

De ce moment, tous les pavillons étrangers s'éloignent et disparaissent.

L'œuvre de colonisation commence; on l'abandonne, on la reprend, on la suspend encore. Elle s'arrête tantôt par l'insuffisance des moyens, tantôt par l'incapacité ou l'immoralité des chefs ou des agents, tantôt par les révolutions ministérielles ou dynastiques que subissait la métropole elle-même, jamais par des prétentions rivales et la contradiction étrangère! Jamais un établissement anglais ou hollandais n'est venu se placer à côté de nous pour jeter du doute sur notre droit, diviser les sympathies des indigènes et contrarier nos opérations actuelles ou nos projets d'avenir. Nous ne pouvons imputer qu'à nous-mêmes nos erreurs et nos désastres.

Ainsi, d'une part, constance de l'occupation française; de l'autre, approbation tacite de tous les autres peuples de l'Europe : voilà ce que les faits démontrent avec la dernière évidence.

En 1643, en vertu de lettres patentes de Louis XIV, qui confirmaient celles de Louis XIII de 1642, la Compagnie française de l'Orient prend possession du droit exclusif de commerce à Madagascar.

Le premier agent de cette Compagnie, Pronis, établit des postes sur plusieurs points de la côte orientale et élève le fort Dauphin (1644).

Flacourt remplace Pronis en 1648. Abandonné par la Compagnie à ses propres ressources, il améliore cependant les affaires de la colonie. A son départ, ce premier établissement se précipite vers sa ruine.

En 1656, le duc de la Meilleraye devient cessionnaire des droits de la Compagnie.

En 1664, une nouvelle Compagnie, encouragée par Colbert, est substituée au duc de Mazarin, fils aîné du duc de la Meilleraye. Cette seconde entreprise ne fut pas plus heureuse que la première.

Les désordres de l'administration de Pronis, qui se fit haïr des naturels par des guerres injustes et de ses subordonnés par des dilapidations odieuses, avaient frappé de mort notre premier établissement. Le second périt à son tour par la discorde qui s'introduisit au sein de la Compagnie, et par la déloyauté de ses agents dans leurs relations avec les indigènes.

Cependant Louis XIV ne cesse point d'exercer son autorité à Madagascar. En 1665 il y crée un Conseil souverain, et y envoie M. de Beausse en qualité de gouverneur général. Le commandement passe de M. de Beausse au marquis de Mondevergue, du marquis de Mondevergue à l'amiral de la Haye, de l'amiral de la Haye à M. de Chamargon, de M. de Champargou à M. Labreteche. A travers toutes ces vicissitudes, la volonté française ne fléchit pas un seul instant; mais au milieu d'une telle instabilité notre ascendant diminue rapidement. Bientôt des excès de tout genre exaspèrent la population indigène, et tous les Français du fort Dauphin, surpris dans la nuit du 25 décembre 1772, sont impitoyablement massacrés.

La colonie paraissait perdue sans ressource : mais Louis XIV était incapable de plier. Sa volonté de se maintenir à Madagascar est plus inébranlable après ce désastre qu'auparavant. Par un édit de l'année 1686, il annexe définitivement Madagascar à la couronne de France. Déjà il préparait un nouvel armement; il n'en fut détourné que par les revers qui marquèrent ses dernières années et signalèrent en même temps la grandeur de son caractère.

Louis XV, au milieu d'un règne faible et agité, ne perd cependant pas Madagascar de vue : le seul de ses ministres qui ait bien mérité de la France, le duc de Choiseul, charge le gouvernement de l'île de France d'entretenir des agents civils et militaires sur toute la côte, depuis Sainte-Luce jusqu'à la baie d'Antongil. En 1750 il fait occuper l'île Sainte-Marie, envoie en 1768 M. de Modave pour relever le fort Dauphin, et il préparait la première expédition de Benyowski, lorsqu'une intrigue de palais le fit tomber du faîte du pouvoir dans l'exil.

Le gouvernement de Louis XVI maintient tous nos établissements sur la côte orientale.

La Convention, faisant trêve un instant à ses formidables préoccupations, demande des études sur Madagascar, et y envoie Lescalier.

L'Empire n'a cessé de considérer Madagascar comme une terre française. M. Sylvain Roux y est envoyé, en 1807, en qualité d'agent principal ; et Tamatave reçoit une garnison française.

La Restauration rétablit son pavillon successivement à Sainte-Marie, Tintingue, Fort-Dauphin et Sainte-Luce. L'expédition Gourbeyre, en 1829, était un commencement d'exécution d'un plan plus vaste d'occupation que la révolution de 1830 n'a pas permis d'achever.

Votre gouvernement, Sire, qui ne peut rester étranger à aucun grand intérêt national, n'a cessé de se préoccuper de la question de Madagascar. L'hydrographie de Diégo-Suarez, l'exploration de la côte ouest et de la baie de Passandava, par MM. Guillain et Gehenne, capitaines de corvette ; les études approfondies et consciencieuses faites par l'administration de Bourbon, la prise de possession de Nossi-bé et de Mayotte, en sont un éclatant témoignage ; car ces actes n'ont de signification et de valeur que comme préliminaires de projets ultérieurs et d'une haute importance.

Ainsi, à travers toutes les vicissitudes du pouvoir et les révolutions par lesquelles nous avons passé, la politique française reste constante et invariable quant à Madagascar. Notre possession, non interrompue pendant deux cents ans, et fondée sur des actes législatifs nombreux, est donc aujourd'hui à l'abri de toute contestation. Il est vrai que notre domination avait été principalement reconnue sur le littoral du sud et de l'est ; c'est là que nous avions d'abord établi nos alliances et qu'avaient grandi nos premiers établissements de commerce, fécondés par le voisinage de Maurice et de Bourbon. Mais, par les édits que nous avons rappelés, notre souveraineté avait été déclarée sur toute l'île de la manière la plus générale et la plus absolue; et, d'après les principes que nous avons développés, il n'est pas nécessaire, pour donner naissance au droit, que l'occupation embrasse chaque baie, chaque port, en un mot, le littoral tout entier; il suffit d'un fait bien caractérisé de possession, avec l'intention d'y donner les développements que le temps amène inévitablement.

Au surplus, des actes récents répondent à toutes les objections, et ne permettent pas plus de contester notre souveraineté sur les territoires de l'est et du nord que sur ceux de l'ouest et du sud.

Les Saklaves, peuples de l'ouest, ne veulent point courber la tête devant les Hovas; ils préfèrent la fuite et l'exil; ils se réfugient sur les îles du nord-ouest, principalement à Nossi-bé : là, dans leur détresse, ils tournent leurs regards vers la France, et implorent son appui; bientôt ils entrent en pourparlers avec M. Passot.

Il fut envoyé comme négociateur par le gouvernement de Bourbon; et, le 14 juillet 1840, intervient un traité, par lequel, consacrant de nouveau des droits d'ailleurs incontestables, Tsioumeik, reine de Boueni, et les principaux chefs saklaves, réunis autour d'elle, cèdent à la France tout leur territoire, c'est-à-dire toute la partie ouest de Madagascar.

Depuis, ce traité a été ratifié par le gouvernement métropolitain, et, le 5 mai 1841, le pavillon français a été arboré à Nossi-bé et salué par toute la population indigène comme un signal de délivrance et comme un gage de la nationalité glorieuse qu'ils se flattaient d'avoir enfin reconquise!

Les Antankars, tribus du nord, repoussent aussi loin d'eux le joug des Hovas. Pour échapper à la servitude, ils cherchent un asile sur les rochers de la petite île de Nossi-Mitsiou. Tsimiaro, leur roi, prince guerrier, ne demande que des armes pour recommencer la guerre. La vue du pavillon protecteur de la France ranime toutes ses espérances. Il entre en négociation avec les agents de votre gouvernement, et bientôt, pour échapper à une odieuse domination, il cède au roi des Français tous ses droits sur Ankova et îles dépendantes. Dans cette cession se trouve comprise la magnifique baie de Diégo-Suarez.

En présence de tous ces faits, quel peuple de l'Europe oserait contrarier nos projets de colonisation et contester notre droit?

Les Anglais?

Mais tous nos établissements à Madagascar se sont formés sous leurs yeux, et ils n'ont jamais protesté!

Ils n'ont pas protesté quand Richelieu créa la Compagnie française de l'Orient, et lui assura par des lettres patentes, connues de l'Europe entière, le commerce exclusif de Madagascar.

Ils n'ont pas protesté quand Colbert, digne émule de Richelieu, garantit, dans des formes aussi solennelles, les mêmes priviléges à la Compagnie orientale, organisée par ses soins.

Ils n'ont pas protesté quand l'autorité française était représentée à Madagascar tantôt par un gouverneur-général, tantôt par un amiral, environné de tout l'appareil d'un vice-roi.

Ils n'ont pas protesté quand le duc de Choiseul, que les désastres de la guerre de Sept-Ans n'avaient pas abattu, cherchait à Madagascar une compensation à tant de pertes, et y envoyait M. de Modave pour relever les ruines du Fort-Dauphin, et y rétablir notre pavillon.

Ils n'ont pas protesté quand la Restauration fit un armement en 1829, s'empara de vive force de Tamatave, de la pointe Larré, et rétablissait tous les signes de notre domination sur la Grande-Terre par la construction du fort de Tintingue. Les travaux suspendus, puis abandonnés par suite des événements politiques de la métropole, l'ont été en dehors de toute influence étrangère.

Ils n'ont pas protesté quand votre gouvernement, en vertu du traité du 14 juillet 1840, a fait occuper Nossi-bé et Mayotte. Et cependant l'arrêté de l'administration de Bourbon, qui précéda la prise de possession, rappelait les droits anciens de la France, et ne dissimulait pas ses projets ultérieurs : il fut à dessein publié dans les journaux de Maurice, et ne provoqua ni explication ni réclamation.

Ainsi nos droits sur Madagascar sont bien évidemment sanctionnés par l'assentiment tacite de l'Angleterre. Mais il y a mieux : nous avons de sa part l'aveu le plus formel et le plus explicite.

En 1816, le gouverneur de Maurice, M. Farquhar, interprétant à son gré le traité de Paris du 30 mai 1814, prétend que l'Angleterre est substituée à la France dans tous ses droits sur Madagascar ; de cette substitution il fait aussitôt dériver un droit de souveraineté sans limite. Le 25 mai 1816, il écrit à MM. les administrateurs-généraux de Bourbon, pour leur faire connaître que son gouvernement se réserve le commerce exclusif de Madagascar ; il leur notifie en conséquence que nos traitants ne seront plus reçus à Madagascar qu'à titre précaire, et munis de licences délivrées par le gouvernement anglais.

Cette étrange sommation est transmise immédiatement au gouvernement de la métropole : aussitôt une vive discussion s'élève entre les deux cabinets. Le droit était trop évident : l'Angleterre fut obligée de céder et de reconnaître que Madagascar ne pouvait pas être une annexe de Maurice, et devait nous être restitué, comme tous les autres établissements que nous possédions au 1er janvier 1792 et qui n'avaient pas été formellement exceptés.

En conséquence le cabinet de Saint-James donne des ordres pour que le gouvernement de Maurice se désiste de toutes ses prétentions ; les troupes qui avaient été envoyées sont rappelées, et remplacées par des détachements de la garnison de Bourbon.

Madagascar nous est donc resté, et évidemment avec cette étendue de droits que l'Angleterre revendiquait pour elle-même quand elle se présentait comme cessionnaire de notre souveraineté.

Nos titres sur Madagascar sont donc consacrés non seulement par l'assentiment tacite, mais encore par l'approbation expresse de l'Angleterre.

Sans méconnaître nos droits, cette puissance voudrait-elle intervenir dans nos démêlés avec les Hovas sous prétexte d'alliance avec cette peuplade ? Mais ce serait la violation de tous les principes que nous avons posés, et qui ne sont pas contestés ; ce serait nous autoriser à armer les nombreuses peuplades encore indépendantes de la Nouvelle-Zélande et de l'Australie ; ce serait, en un mot, bouleverser toute cette partie du droit international que nous avons déjà exposée, et qui sert de fondement aux colonisations européennes. Il y a mieux, le prétexte n'existe même pas, car toutes les relations que les Anglais avaient établies avec la cour d'Emyrne sont depuis long-temps rompues ; ils ont été chassés de Tananarive ! Ils ne pourraient raisonnablement soutenir un gouvernement qui a proscrit leurs traitants et ruiné leur commerce.

Ainsi obligée de s'abstenir, l'Angleterre verrait-elle avec chagrin la civilisation et la religion chrétienne pénétrer à notre suite dans ces vastes contrées en proie aux superstitions les plus avilissantes et à toutes les misères qu'engendrent le dérèglement des mœurs et le despotisme des institutions ? Une telle supposition serait injurieuse ; et, quelles que soient encore les préventions nationales, le gouvernement de la Grande-Bretagne est environné de trop de gloire, il remplit dans le monde civilisé et chrétien une trop haute mission, il accomplit de trop grandes choses, pour que nous le soupçonnions jamais d'une si odieuse jalousie ! La France est de bonne foi dans ses efforts pour éteindre l'antagonisme au sein des peuples de l'Europe, elle doit présumer la même sincérité chez ses alliés et ses voisins. Les armes victorieuses de l'Angleterre ont pénétré jusque dans l'Asie centrale ; ses bateaux à vapeur sondent toutes les côtes, remontent tous les fleuves. Une seule de ses possessions d'outre-mer, l'Indostan, compte autant de sujets qu'en renferma jadis l'empire romain dans ses vastes limites. L'Australie, grande comme l'Europe, reçoit une population anglaise. La terre de Van-Diémen, la Nouvelle-Zélande, l'Afrique du sud, cent autres colonies, fécondent pour l'Angleterre de nouveaux éléments de richesse. Nous ne sommes pas jaloux, nous applaudissons au contraire à ces triomphes de l'humanité et de la religion, et nous ne pouvons admettre que l'Angleterre s'inquiète et s'afflige de ce que la France accomplit à son tour la part de civilisation qui lui a été depuis si long-temps départie. Votre gouvernement, Sire, ne peut être taxé de se livrer à un élan ambitieux lorsqu'il ne fait que se renfermer dans nos vieilles limites coloniales. La France de juillet peut bien, sans blesser aucune susceptibilité, tenter ce qu'ont tenté avant elle Richelieu et Colbert, le duc de Choiseul et M. de Sartines, les ministres de Louis XVIII et de Charles X.

En portant la guerre à Madagascar, si le passé nous répond de l'avenir et si les droits les plus anciens et les mieux reconnus peuvent nous servir de garantie, nous n'avons donc à craindre ni réclamations ni observations de la part de l'Angleterre. Il nous reste à examiner si une agression de cette nature ne blesse aucun principe de droit ou d'équité par rapport aux indigènes eux-mêmes, qui, certes, doivent bien être comptés pour quelque chose dans une telle discussion.

L'île de Madagascar se divise entre vingt-cinq tribus principales, indépendantes en 1813, aujourd'hui assujetties et opprimées par l'une d'elles, la tribu des Hovas, qui, des plateaux de l'intérieur, a fait irruption sur toutes les parties du littoral.

Les commencements de cette usurpation ne datent que de 1813, époque de l'avènement de Radama au trône.

Le joug odieux des Hovas n'est nulle part accepté, ni par les tribus de l'est, nos plus anciennes et nos plus fidèles alliées, ni par celles du nord, qui ont déserté leur pays pour se réfugier dans les bois ou sur les rochers qui ceignent la baie de Passandava, ni par les peuplades de l'ouest, toujours prêtes à prendre les armes. Nous sommes appelés par les Anossy, les Bétanimènes, les Betsimsarats, les Antankars et les Saklaves. Nous avons donc l'assentiment des indigènes eux-mêmes, si on en excepte une seule tribu, qui, en nous attaquant partout où elle nous a rencontrés, et en pillant et massacrant nos alliés, nous a donné les plus légitimes sujets de la combattre ; il ne s'agit pas d'attaquer, mais de nous défendre ; il s'agit de délivrer nos alliés, de briser le joug qui accable les Betsimsarats, les Antankars et les Saklaves, d'obéir à des traités qui nous lient, et de rétablir notre pavillon là où il a été renversé ; il s'agit enfin de sauver le peuple Hova lui-même de la faction militaire qui l'opprime.

Ce gouvernement tyrannique, qui s'est fait, sans autre motif que celui de son ambition, l'implacable ennemi de la France, a marqué chaque pas de sa durée par les agressions les plus injustes et les outrages les plus gratuits.

En 1825 les Hovas enlèvent le fort Dauphin et abattent le drapeau de la France !

A la même époque Tsifanin, chef des Betsimsarats, connu par son dévoûment à notre cause, devient l'objet d'une haine implacable ; des piéges lui sont tendus, il est surpris et massacré !

En 1829 Andriamifidi, commandant de Fénérif pour les Hovas, fait mettre publiquement en vente et adjuge comme esclave, pour 250 fr., un Français nommé Pinçon !

Le gouvernement français est indigné, il adresse les plus violents reproches à la cour d'Emyrne ; nos plaintes servent de recommandations à Andriamifidi, qui devient dès ce moment l'objet d'une faveur toute particulière, et se voit bientôt comblé des plus hautes distinctions !

Nous sommes constamment harcelés, et puis enfin chassés de Tamatave, de Foulpointe, de Fénérif et de Tintingue !

Notre commerce est détruit, nos traitants insultés et ruinés dans ces mêmes lieux où le pavillon de la France avait flotté pendant 200 ans, presque sans interruption !

Les têtes de seize de nos compatriotes qui ont succombé dans une lutte héroïque épouvantent encore les habitants de Tamatave : elles sont là, suspendues à des gibets, dans l'endroit le plus apparent du rivage, comme pour porter au loin un témoignage d'insulte et de barbarie ! Il n'est pas un navigateur dans l'océan Indien dont les regards ne soient attristés de cet odieux spectacle ! La France, Sire, ne saurait rester plus long-temps indifférente : son honneur a été blessé, il doit être réparé ! Ses droits ont été méconnus et violés, ils doivent être rétablis. En présence de ces faits, les consciences les plus timides ne sauraient plus conserver aucun scrupule. On ne prit jamais les armes pour une cause plus légitime! Mais la guerre nous conduira inévitablement à la colonisation. Examinons maintenant si cette colonisation est dans les intérêts de la France, et si elle est d'une facile exécution.

UTILITÉ DE MADAGASCAR.

Depuis que nous avons perdu l'Inde, le Canada, la Louisiane, Saint-Domingue, Maurice, les vaisseaux de l'état, une fois sortis des ports de France, manquent de point d'appui, de lieu de refuge et de tous moyens de recrutement et d'approvisionnement, et d'ailleurs la navigation marchande, sans laquelle il n'y a pas de marine militaire, est destituée de tout aliment sérieux. Avec Madagascar, la lacune est comblée, nos pertes les plus cruelles sont réparées; nous ne restons plus stationnaires, quand tout progresse autour de nous, et le maintien de notre puissance relative est au moins assuré.

Les peuples de l'Europe envahissent l'Asie et le monde maritime : c'est sous leur influence, par leur action et à leur profit que se développent les magnifiques cités de Bombay, de Madras, de Calcutta, de Batavia! Les colonies les plus florissantes remplissent l'Archipel d'Asie, l'Australie, la Polynésie. L'Angleterre et la Hollande voient se multiplier pour elles les centres de production les plus abondants dans ces mêmes îles qui leur offrent, en même temps que les richesses de leur sol, les rades les plus sûres et les ports les mieux défendus. La Hollande trouve à Java tout à la fois des ressources inépuisables pour son commerce et des ports où ses vaisseaux sont aussi en sûreté contre les coups de la tempête que contre le feu de l'ennemi. L'Angleterre embrasse tout dans sa prodigieuse activité; mais elle ne consacre des efforts sérieux qu'à ces grandes terres qui, par la fertilité du sol, l'abondance des bois de construction et des matières premières, sont en même temps l'aliment de sa navigation marchande et la sauvegarde de sa puissance navale : la France seule concentre tous ses efforts sur des îlots aussi dépourvus d'utilité au point de vue militaire qu'au point de vue commercial.

Mayotte n'a de valeur que comme acheminement à l'occupation de Madagascar.

Mayotte manque de bois; sans doute une flotte pouvait s'y réfugier, mais elle y serait bientôt affamée et forcée d'en sortir ou de capituler.

Son sol volcanique, l'exiguïté de son territoire, l'insalubrité du climat, ne permettront jamais à une population considérable de s'y développer. Aucun approvisionnement n'y est possible, il faudra y apporter de la métropole tout ce dont on aura besoin. On ne peut pas isoler Mayotte de Madagascar. D'ailleurs Mayotte n'appartient pas à la puissance qui s'y établit actuellement, mais à celle qui occupera plus tard Diégo-Suarez. Diégo-Suarez est la citadelle de l'Afrique orientale. S'établir à Mayotte sans avoir pris préalablement possession des magnifiques baies qui sont à l'est du cap d'Ambre, c'est se placer sous le feu de l'ennemi, c'est édifier pour lui, c'est employer à son bénéfice l'industrie et les trésors de la France.

Les Marquises ne sont que des rochers stériles, sans aucune influence possible sur notre avenir politique et commercial.

Madagascar peut seul nous donner aujourd'hui une position militaire à l'est du cap de Bonne-Espérance. Cette grande île commande à la fois la côte orientale d'Afrique, l'Indostan et l'Archipel d'Asie.

Par Madagascar on est maître du double passage de l'Europe dans l'Inde., on domine à la fois le cap de Bonne-Espérance et le détroit de Bab-el-Mandel.

Une fois établis à Madagascar, nous acquérons des droits sérieux dans l'océan Indien, nous cessons d'y figurer à titre de tolérance seulement. Tout l'hémisphère oriental, d'où nous sommes en réalité bannis, devient accessible pour nous; nous y apparaissons avec la dignité et l'indépendance qui conviennent à une grande nation. Nous nous suffisons à nous-mêmes, et si nous sommes attaqués, non seulement la défense est possible, mais le succès est certain. Des ports nombreux reçoivent nos vaisseaux, des bois superbes fournissent des éléments inépuisables de travail à nos chantiers de radoub et de construction. Des approvisionnements à bas prix, en riz, en blé, bœufs, salaisons de toute sorte, assurent la subsistance de nos soldats et de nos matelots. Madagascar cultivé et civilisé ne refuserait pas à nos amiraux ce que Madagascar encore en friche et tout à fait sauvage a fourni si abondamment à Mahé de Labourdonnais, au vicomte d'Aché, au célèbre bailli de Suffren.

En temps de guerre, la colonie se défendrait toute seule : une population de plusieurs millions d'hommes, renfermée dans une île naturellement approvisionnée, à 4,000 lieues de la puissance assaillante, est inexpugnable ! Et, d'un autre côté, désormais libres dans leurs allures, maîtres de leurs moindres mouvements, nos vaisseaux pourraient, toujours avec opportunité, tantôt fondre sur l'ennemi, tantôt se retirer devant lui, tantôt attaquer et ruiner son commerce, tantôt protéger le nôtre ; nos victoires nous donneraient de nouveaux moyens de combattre, nos désastres seraient facilement réparés dans un pays qui nous offrirait des matelots et des soldats, et de nouveaux approvisionnements.

Ainsi, par l'occupation de Madagascar, notre marine militaire aurait reconquis un de ces points d'appui importants qui lui manquent absolument depuis la paix de 1763, la révolution de Saint-Domingue et le traité de Paris du 30 mai 1814 ; mais encore notre navigation marchande prendrait un accroissement rapide, ce qui profiterait encore à la marine de l'état ; car c'est principalement par la marine du commerce qu'on peut créer et développer la marine militaire. Cette vérité, que la raison seule indique, trouve encore dans l'histoire une complète démonstration.

Athènes se livre à un commerce maritime actif avec les îles de la mer Égée, les côtes de l'Asie-Mineure, de la Propontide, et du Pont-Euxin, et bientôt elle domine la Grèce et balance la puissance du grand roi !

Des marchands phéniciens établis à Carthage envoient leurs armées jusqu'au cœur de l'Italie, et font chanceler sur ses bases la ville éternelle !

Venise arme ses gondoles et, du fond de ses lagunes, elle secourt ou opprime à son gré les empereurs de Bysance, s'empare de leurs plus riches provinces, et voit à ses pieds comme ses tributaires les rois les plus puissants de l'Europe !

La Hollande, marécageuse et stérile, ne pouvait subsister que par le commerce ; mais elle s'y enrichit, et bientôt elle dispute l'empire des mers à l'Angleterre, arrête la fortune de Louis XIV, et devient au XVIIe siècle l'arbitre des couronnes ! Aujourd'hui elle a transporté sa prodigieuse et persévérante activité dans l'archipel d'Asie, et elle y fonde un empire puissant dans la contrée la plus fertile de la terre.

Mille autres exemples pourraient être cités, mais l'espace nous manque et nous prive de la richesse des développements.

Le sceptre des mers appartient à l'Angleterre du jour où le célèbre acte de navigation a donné à sa marine marchande un essor qui lui a fait dépasser toutes les autres. On l'a dit avant nous, les marines militaire et marchande croissent et décroissent en même temps ;

leurs fortunes sont inséparables : et le génie commercial, encore plus que le génie militaire, revendique l'empire des mers !

Les moyens artificiels peuvent être plus ou moins ingénieux ; mais ils seront toujours sans résultat ! C'est le commerce qu'il faut ranimer, si nous voulons reconquérir notre rang maritime. Ce fut là le système du cardinal de Richelieu, suivi par Colbert, pratiqué par Louis XVI : les fruits en ont été assez brillants pour que nous ne devions pas répudier d'aussi glorieuses traditions.

Lorsque Saint-Domingue, par l'immensité de son commerce, tenait toujours à la disposition de l'état une pépinière de matelots, les plus grands désastres furent réparés comme par enchantement !

La guerre de Sept-Ans avait fait à l'honneur national une profonde blessure. Notre fortune maritime paraissait tout à fait compromise. Mais, de 1763 à 1778, notre commerce avait pris le plus grand développement. Les riches cargaisons de Saint-Domingue remplissaient tous les marchés de l'Europe ; une nombreuse population maritime avait surgi. Aussi, le 17 juin 1778, la frégate anglaise *l'Aréthuse*, fuyait devant la frégate française *la Belle-Poule*, et nous ouvrions par un brillant succès cette guerre de l'indépendance où s'illustrèrent tour à tour le comte d'Estaing, le brave et vigilant Lamothe-Piquet, le comte de Guiches et le comte de Grasse.

Devenu la terreur de l'amiral Hughes, vainqueur à Trinquemale et à Gondelour, le bailli de Suffren jeta un éclat immortel sur la marine française ; et, on le sait, s'il avait reçu à temps quelques renforts, l'Inde tout entière échappait à la domination anglaise !

Ainsi, l'expérience aussi bien que la raison le démontre, c'est dans les ressources de la marine marchande qu'il faut puiser le personnel de la marine militaire : eh bien ! Madagascar seul peut ranimer le commerce maritime de la France, qui languit de plus en plus et menace de s'éteindre.

Un honorable député, M. d'Angeville, n'a-t-il pas dit à la tribune nationale, dans la séance du 15 avril 1846, que neuf mille matelots français, sans engagement dans nos ports, étaient contraints de naviguer avec les Américains et les Anglais.

Les tableaux statistiques ne nous apprennent-ils pas que la navigation de concurrence est à peu près envahie par le pavillon étranger : l'effectif de notre marine, qui était, en 1827, de 14,322 navires jaugeant 692,125 tonneaux, ne portait plus, en 1844, que sur 13,679 navires jaugeant 604,637 tonneaux : ainsi, pendant que toutes les autres marines s'accroissent, la nôtre diminue, et a perdu en 18 années 643 bâtiments et 87,468 tonneaux.

Une décadence aussi sensible, lorsqu'il devrait y avoir progrès continu, ne pouvait échapper à l'attention de votre gouvernement. Nous savons que depuis long-temps il cherche des ressources contre une telle situation : ces ressources existent à Madagascar !

Cette île a une population d'environ trois millions d'habitants.

Sa superficie, de 25 mille lieues carrées, est à peu près égale à celle de la France : ainsi elle peut recevoir une population de 30 millions d'hommes !

Les exportations se composaient, avant les prohibitions insensées du gouvernement de la reine Ranavolo, de bœufs, moutons, tortues de terre, riz, gomme copale, orseille, ambre gris, cire, peaux de bœufs, écaille de caret (*testudo imbricata*), qui se vend jusqu'à 120 francs le kilogramme, etc., etc.

Les importations consistaient en tissus français, mouchoirs et autres impressions des manufactures françaises, beaucoup d'objets de luxe, savon, bijouterie commune, verroterie, quincaillerie, mercerie, etc.

Sans doute, c'est là un commerce restreint ; mais il s'étendrait rapidement par l'introduction des arts de l'Europe et par les nouveaux besoins que fait naître la civilisation : il suffit, pour s'en convaincre, de jeter les yeux sur les rapports de tous les voyageurs qui ont pénétré dans l'intérieur de Madagascar.

Cette île peut nous fournir, et en quantités immenses, le sucre, le café, le tabac, le coton, la soie, l'indigo, le riz, le maïs, le blé, le bois d'ébène, toutes les matières premières nécessaires aux ateliers de teinture, de tableterie, de marqueterie, les écorces les plus estimées, des mines d'or et d'argent, du fer de première qualité et à fleur de terre, probablement de la houille, du mercure, du sel gemme et du cristal de roche de la plus grande beauté.

Toutes les jouissances du luxe, pour lesquelles les populations indigènes ont un puissant attrait, s'introduiraient promptement dans un pays riche en exportations, et donneraient à nos manufactures une activité dont Paris lui-même recueillerait les premiers fruits.

Les essais sont déjà faits, la voie est tout ouverte ; prenant une honorable initiative, une des premières maisons de commerce de l'île Bourbon, la maison de Rontaunay, sans aucun secours du gouvernement, avait ouvert des relations commerciales avec Tananarive, et y excitait le désir des produits français par l'importation de broderies, tissus, soieries de Lyon et autres objets manufacturés ; en même temps, elle avait fondé trois établissements de rumerie et sucrerie, l'un à Mahéla, l'autre à Mananzary et le troisième à Soamandrakisay, à quatre lieues de Tamatave ; les usines perfectionnées de MM. Derosne et Cail avaient été introduites dans ces divers établissements ; et l'on y élevait plus de 3 mille bœufs destinés à l'approvisionnement de Bourbon : cette patriotique entreprise allait être couronnée d'un plein succès : déjà des navires de Nantes et de Bordeaux avaient trouvé facilement à Tamatave la vente de leurs cargaisons, composées principalement des produits de l'industrie parisienne ; déjà l'établissement de Mananzary avait fabriqué plus de 300 mille kilogrammes de sucre exportés à Marseille, en 1843, par le navire *le Picard*, lorsque tout à coup la persécution du gouvernement hova a de nouveau éclaté contre nous. Des capitaux français considérables se trouvent ainsi perdus ou compromis, Bourbon est affamé, et les dernières espérances du commerce français dans l'Océan indien complétement renversées.

Après la perte de tant de vastes possessions, qui étaient autrefois l'aliment fécond de notre commerce maritime, il n'est pas un Français jaloux de la prospérité et de la gloire de son pays qui ne désire de justes compensations, et qui n'en comprenne l'absolue nécessité. Mais une opinion bien funeste aux intérêts de la France a pris crédit : on pense communément que l'Algérie peut nous tenir lieu de toutes nos autres colonies.

D'abord l'Angleterre, qui recule ses frontières de l'Inde jusqu'aux limites de l'empire russe, qui a formé en Asie un empire de 80 millions de sujets, n'en poursuit pas moins dans les autres parties du monde ses gigantesques entreprises.

Mais d'ailleurs l'Algérie, qui, certes, est une grande et une précieuse conquête, n'est pas, à l'égard de la France, une colonie proprement dite.

Son sol se refuse aux cultures intertropicales, qui, seules, servent de principe actif aux échanges.

L'Algérie a les mêmes produits et le même climat que nos départements du midi.

Le grand cabotage seul peut prendre une nouvelle activité dans nos relations avec l'Algérie; et c'est la navigation au long cours qui, seule, forme les matelots du commerce, et, par conséquent, ceux de la marine militaire.

L'Algérie n'a pas de ports et ne satisfait ainsi à aucune des conditions qui peuvent rendre à la marine de l'état son ancienne prépondérance. Par l'Algérie, la France a pris un plus haut ascendant dans la Méditerranée; mais ne doit-elle pas être présente partout et porter partout son influence? Ne faut-il pas qu'elle puisse se défendre partout où elle sera attaquée? Nos établissements dans le nord de l'Afrique ne sont pas une raison de nous condamner à une nullité complète dans une moitié du monde, dans tout l'hémisphère oriental! Si nous voulons cesser d'être dépendants dans les mers du Cap, dans le golfe Arabique, dans tout l'océan Indien, une seule et dernière chance nous est ouverte, c'est de nous établir à Madagascar!

Votre gouvernement, Sire, n'y rencontrera aucune des difficultés qu'imaginent ou se plaisent à grossir des hommes honorables, mais complétement abusés. En vain on veut effrayer les esprits par un rapprochement dénué de toute justesse. Madagascar sera aussitôt soumise qu'attaquée, et ne deviendra pas une Algérie à 4,500 lieues de la métropole. Comment une comparaison aussi fausse a-t-elle pu se produire à la tribune nationale et exercer quelque influence sur les esprits !

Là, un continent qui oblige toujours à passer d'une conquête à une autre, en montrant toujours à la frontière un ennemi nouveau : ici, une entreprise dont la nature même a posé les limites, une île que quelques bateaux à vapeur suffisent pour bloquer, et qui peut être mise dès l'abord à l'abri de toute intervention ou excitation étrangère. Là une nation compacte, indivisible : ici vingt peuples différents de mœurs, d'origine, et ennemis les uns des autres; là tout l'orgueil d'une antique mais fausse civilisation : ici des peuples qui reconnaissent leur infériorité et demandent à être instruits et éclairés; là un fanatisme qui s'exaspère au sein même de ses défaites : ici un culte non caractérisé, presque insaisissable et qui n'exerce aucune influence sur les esprits; là une race implacable qui s'élève et vieillit dans sa haine contre nous : ici des tribus d'une grande douceur de mœurs, et que la sympathie entraîne au devant de nous; là, en un mot, la colonisation malgré les habitants : ici, au contraire, les habitants devenus les premiers et les plus ardents auxiliaires de la civilisation : telle est la vérité, Sire, et elle ressortira avec plus d'éclat des détails dans lesquels nous allons entrer sur les moyens d'exécution.

MOYENS D'EXÉCUTION.

Nous ne saurions trop insister sur ce point : il ne s'agit pas de faire la guerre aux peuples de Madagascar, mais, au contraire, de briser leurs fers et d'être leurs libérateurs; c'est avec les tribus de l'ouest et du nord qu'il faut marcher au secours des tribus de l'intérieur : il doit être manifeste, dès l'abord, que nous n'attaquons ni nos anciens alliés, ni les Hovas eux-mêmes, mais seulement un gouvernement qui les avilit et les opprime.

Des agents français, envoyés à l'avance sur les points opposés de la côte, doivent partout nous ménager des intelligences, exciter les esprits et disposer les populations à nous seconder.

Les membres de l'ancien gouvernement, les princes fugitifs, doivent être recueillis partout où ils se trouveront, et ramenés au lieu de la lutte, sous la protection de notre pavillon.

Au moment où les hostilités commenceront, l'île doit être déclarée en état de blocus; un acte aussi significatif portera l'inquiétude et le trouble au sein du gouvernement qu'il s'agit d'abattre, et donnera une confiance nouvelle aux peuplades timides dont il faut nous assurer le concours. Cette mesure préliminaire est surtout indispensable pour ôter tout prétexte à l'intervention étrangère.

Il ne faudrait pas renouveler la faute, commise tant de fois, d'arriver à Madagascar dans la hors-saison; les côtes doivent être abordées dès le mois de mai, afin qu'on puisse pénétrer dans l'intérieur, s'y loger, s'y établir convenablement avant la saison des pluies et la recrudescence des fièvres intermittentes, qui ne règnent, du reste, que sur une partie du littoral, et qui demeurent circonscrites dans une zone qui serait rapidement franchie.

Nous n'avons pas la témérité de faire ici et de publier le plan de l'expédition : cette divulgation ne serait pas sans inconvénients : nous ne sommes point d'ailleurs compétents pour un travail de cette nature. Au surplus, cette tâche a été remplie par d'autres bien mieux que nous ne pourrions le faire, et les renseignements les plus précieux à cet égard se trouvent consignés dans divers documents préparés par les soins de l'administration locale, et notamment dans un mémoire approuvé par le conseil privé de l'île Bourbon, et adressé au ministère de la marine dès l'année 1834.

L'expédition doit être forte surtout en matériel, approvisionnement d'armes, de poudre, etc., afin de pouvoir armer les indigènes, qui ne manqueront pas d'accourir à la première apparition de notre drapeau, dès qu'il se présentera à eux dans de véritables conditions de succès.

Deux plans d'expédition ont été soumis à votre gouvernement. Tous deux peuvent être acceptés, car tous deux nous semblent devoir être suivis de réussite :

Le premier consiste à se porter dès l'abord sur Tananarive pour dissoudre le gouvernement des Hovas, le second à s'établir à Diégo-Suarez pour s'étendre progressivement dans le sud.

Nous n'hésitons pas à donner la préférence au premier, parce que, quoique le plus hardi, il doit être le moins dispendieux, et que d'ailleurs il extirpe le mal dans sa racine.

Nous ne mettons pas en doute, d'après tout ce que nous avons exposé, le soulèvement des tribus du littoral, pourvu que la force de notre armement leur donne de suffisantes garanties; dès lors notre marche sur Tananarive ne peut trouver d'obstacle. La route de Bombetock à Emyrne est toute tracée. C'est par là qu'ont été transportés les canons qui défendent les murs de la capitale des Hovas. De ce côté on ne trouve aucune des difficultés qui se présentent dans la partie orientale, ni marais profonds, ni montagnes escarpées, ni populations intermédiaires qu'on puisse soulever et armer contre nous. De ce côté de l'île, les Hovas ne peuvent compter que sur eux-mêmes. Isolés dès l'abord, ils se trouveront face à face avec nos soldats; bientôt leur mécontentement contre leur propre gouvernement éclatera, et le trône de la reine Ranavolo s'écroulera au milieu d'unanimes applaudissements!

C'est alors seulement que nous pourrons traiter de la paix; jusque là toute tentative de conciliation n'a fait et ne fera que nous préparer de nouveaux outrages. La faction militaire qui opprime les Malgaches ne comprendra jamais la générosité de la France et la longanimité d'un grand peuple : notre modération n'est, à ses yeux, que faiblesse et lâcheté. Dans l'adresse que nous eûmes l'honneur de présenter á Votre Majesté en 1845, nous lui disions :

« La voie des négociations est désormais épuisée ; toutes les pro-
» positions de la France à un gouvernement odieux ne peuvent plus
» qu'exaspérer son orgueil et provoquer ses mépris. »

Nos prévisions n'ont été que trop confirmées. Le commandant de notre station navale, M. Romain-Desfossés, dont la fermeté d'ailleurs égale la prudence, a de nouveau épuisé toutes les chances d'accommodement ; mais, pendant que nous employons le temps à parlementer, nos commerçants sont chassés, leurs biens confisqués, et les ports de la côte Est, si fréquentés par notre commerce depuis 200 ans, nous sont aujourd'hui fermés ! Les faits dont nous nous plaignons ne sont, du reste, que l'exécution d'un plan prémédité, hautement avoué, et auquel la cour d'Emyrne ne renoncera pas. Elle organise, au contraire, et de plus en plus, le monopole du commerce à son profit ; elle force les indigènes à lui vendre leurs denrées à bas prix, et se ménage par là, sans coup férir, d'énormes bénéfices. Ce brigandage n'a de chance de durée qu'autant que notre influence aura été définitivement écartée. C'est là aussi le succès qu'elle se flatte d'avoir obtenu ; c'est le plus cher de ses triomphes, celui qui exaspère surtout son arrogance et son orgueil ! Sire, il a été assez fait pour la modération et la paix, il est temps d'accorder quelque satisfaction au sentiment national, si profondément blessé. Tous nos alliés sont en fuite ou dispersés, et pendant qu'ils réclament en vain notre appui et l'exécution des traités, la reine Ranavolo, dans ses grotesques orgies, insulte à votre nom et célèbre ses victoires imaginaires. Et pour mettre le comble à une telle situation, un député a pu dire à la tribune nationale qu'il n'était pas au pouvoir d'un peuple barbare de porter atteinte à l'honneur de la France. Ainsi, de nos jours, la barbarie aurait la prérogative de l'insulte ! Nous ne craignons pas de le dire, de telles distinctions sont nouvelles ! jusqu'ici la susceptibilité nationale ne les avait pas connues. Quant à nous, nous croyons avoir un sentiment plus vrai de la dignité de votre couronne et de la grandeur de votre règne en demandant que, sous votre gouvernement, le nom de la France soit honoré et respecté partout, aussi bien chez les nations civilisées de l'Europe que chez les peuples les plus sauvages de l'Afrique ou de l'Océanie. Mais, d'ailleurs, le dédain dans lequel les adversaires de notre puissance maritime trouveraient commode de se renfermer ne serait pas en rapport avec les faits ; quelque grande, quelque glorieuse que soit la France, elle ne peut pas considérer comme inaperçu un gouvernement odieux à la vérité, mais enfin qui commande à trois millions d'hommes, qui étend sa domination sur un territoire aussi grand que celui de la France, sur une île qui, par l'excellence et la multiplicité de ses ports, l'incroyable fertilité de son sol et son admirable position géographique, est destinée à devenir un empire puissant aussitôt que la civilisation y aura pénétré !

Ce n'est donc point par une indifférence dédaigneuse et affectée qu'il faut répondre, mais les armes à la main ! Il faut faire flotter notre pavillon sur les murs de Tananarive. Aussitôt nous verrons se dissoudre le gouvernement de la reine, et bientôt nous pourrons donner la paix au peuple Hova lui-même comme à toutes les tribus du littoral !

C'est là, Sire, suivant nous, le plan qu'indique l'histoire du passé, et qui est en même temps le plus digne de la gloire de votre règne ; parce que, dans notre opinion, la domination de la France est incompatible avec l'existence d'un gouvernement qui unit au plus haut degré la cruauté à la perfidie, et que d'ailleurs il importe de rendre à nos armes, par la vigueur de l'attaque, tout leur ancien prestige.

Toutefois le but peut être atteint plus lentement, il est vrai, mais tout aussi sûrement, par l'occupation de Diégo-Suarez, où l'on établirait une colonie qui s'étendrait dans le sud, au fur et à mesure que les sympathies des tribus indigènes se déclareraient. C'est là le plan présenté plus particulièrement par l'administration de Bourbon, et qu'il s'agit maintenant d'examiner.

Pour le bien apprécier, il importe de revenir sommairement sur le passé.

Dans les tentatives diverses et successives de colonisation à Madagascar, il faut remarquer que des efforts un peu sérieux n'ont été faits que sur une partie du littoral de l'est, du fort Dauphin à la baie d'Antongil.

Les Français débarquèrent, pour la première fois à Monghafia, dans le sud-est de Madagascar ; c'est là que furent créées les premières habitudes : depuis, les colonies de Maurice et de Bourbon s'étant développées, les relations commerciales s'ouvrirent et se continuèrent naturellement avec la côte qui était le plus à proximité, et ce fut encore la côte orientale ; l'attrait pour cette partie du littoral se fortifia en outre par le caractère doux et pacifique des tribus qui l'habitaient. Là se trouvaient les Betsimsarats, adonnés au commerce et tellement attachés à la France, que les Hovas ont pu les exterminer, mais non pas les rendre infidèles à notre alliance.

Ainsi, pendant deux cents ans, nos efforts ont été concentrés sur les rivages de l'est, du 16ᵉ au 25ᵉ degré de latitude sud. La baie d'Antongil est la baie la plus nord qui ait été explorée par nous jusqu'à

ces derniers temps ; et cependant c'est de la baie d'Antongil, en re-
montant vers le cap d'Ambre, que l'acclimatement deviendrait facile
par la rareté et même l'absence de la fièvre intermittente qui règne
sur une grande partie des côtes de Madagascar.

Cette fièvre, d'après le rapport de tous les hommes de l'art, n'est
autre que celle qui a sévi si long-temps en France, à Rochefort, dans
plusieurs départements du centre et du midi, qui est produite par la
stagnation des eaux, et qui disparaît par le défrichement des bois et le
dessèchement des marais.

Or il suffit de parcourir le littoral de Madagascar pour se convaincre
que les causes d'insalubrité accumulées sur la côte, depuis Sainte-
Luce jusqu'à la baie d'Antongil, ont toutes disparu quand on a franchi
cette baie en s'avançant dans le nord.

Du fort Dauphin à la baie d'Antongil les terres sont partout basses
et marécageuses, à peine si elles s'élèvent de quelques décimètres au-
dessus du niveau de la mer : sur un sol uni et sans aucun accident,
les rivières semblent perdre tout mouvement ; leur embouchure est en
outre obstruée par les sables que les vents généraux y accumulent
sans cesse : aussi, au lieu de se jeter à la mer, elles se répandent sur
leurs rivages et forment cette série de lacs qui se prolongent parallé-
lement à la côte ; vaste amas d'eau où se décomposent, dans la saison
de l'hivernage, toutes sortes de matières végétales et animales, et d'où
s'échappent sans cesse des masses de vapeur pestilentielle, que les
vents sont impuissants à dissiper, parce qu'ils soufflent alors du nord-
est ou de nord-ouest et qu'ils sont interceptés par les forêts et les
montagnes. A ces causes d'insalubrité il faut ajouter l'abondance des
pluies, plus fréquentes sur cette partie des côtes que partout ailleurs.
A Tintingue on compte, dans l'année, de deux cent vingt à deux cent
quarante jours de pluie.

L'aspect des lieux change complétement dès qu'on s'éloigne d'Antongil, en se dirigeant vers le cap d'Ambre : le terrain s'élève et présente, dès le rivage, de hauts amphithéâtres, battus par les brises du
large. Les forêts ont disparu, et les arbres disséminés n'apportent aucun obstacle à la libre circulation de l'air ; la température n'est plus
humide : il y a autant de jours de sécheresse à Diégo que de jours de
pluie à Tintingue et à Tamatave.

Toutes ces causes réunies rendent parfaitement compte des limites
dans lesquelles est circonscrite la zone fiévreuse de Madagascar : les
récits des voyageurs sont du reste d'accord avec cette théorie. Nos

commerçants qui ont fréquenté la partie nord de Madagascar s'accordent à dire que le climat y est aussi sain qu'à Bourbon

La corvette *la Nièvre,* qui a passé quarante quatre jours dans le port qui porte son nom, et dont l'équipage a été constamment employé à des travaux très pénibles à terre et dans les embarcations, n'a eu qu'un seul exemple de fièvre intermittente.

Les rapports des plus dignes de foi ne permettent pas d'en douter. Les rivages de Diégo-Suarez sont, sur le littoral, la partie la plus saine de Madagascar. Et si une entreprise partielle doit être substituée à un plan plus général, nous pensons, comme l'administration de Bourbon, que c'est à Diego-Suarez qu'il faut s'établir.

La bonne fortune de la France nous livre sans défense ce Gibraltar de l'Afrique et de l'océan Indien.

Les Hovas en ont chassé les Antankars, nos alliés, et ne s'y sont que faiblement établis.

Ils n'y ont pas trois cents hommes de garnison.

Diégo-Suarez est une des plus fortes positions maritimes du monde. (Voir le rapport du commandant de *la Nièvre,* qui a fait l'hydrographie de ce port en 1834.)

Son entrée est par 12° 14, de latitude sud : facile, et large de 1,200 mètres, elle peut être défendue par une seule batterie. Le vaste bassin intérieur se subdivise en cinq baies; celle qui s'avance le plus profondément dans les terres, le port de la Nièvre, a près de 4,000 de longueur sur une profondeur de 7 à 12 brasses. Chacune de ces différentes baies pourrait recevoir une escadre nombreuse.

Le village d'Antombouk domine la baie, et marque l'emplacement où pourront s'élever nos fortifications, nos chantiers et notre établissement de marine.

Contrairement à une opinion erronée, et trop long-temps accréditée, l'eau y est abondante; plusieurs sources jaillissent à peu de distance du rivage, et une rivière, dite des Maks, coule à 2 kilom. à l'ouest d'Antombouk.

Les arbres qui s'élèvent au fond de la baie seraient pendant long-temps suffisants pour nos approvisionnements.

Les terres qui avoisinent le port, entrecoupées de bouquets de bois et de pâturages, offrent du côté du sud un sol d'une grande fertilité : là croîtraient indistinctement la canne à sucre, le riz, le coton, l'indigo, le blé si nécessaire à l'approvisionnement de nos vaisseaux.

Un isthme, que ferme la baie en s'avançant vers l'ouest, pourrait être défendu par un seul fort et servirait de premier rempart à la colonie naissante.

En libre communication avec la mer, nous serions, dès notre arrivée, inexpugnables derrière cet isthme fortifié. Il n'a pas 8 kilom. de largeur.

Aussitôt que l'adhésion des peuplades voisines serait bien assurée, nous franchirions la presqu'île et nous nous étendrions vers le sud.

Les indigènes deviendraient les premiers colons : mais pour donner une véritable force et une grande impulsion à un établissement de cette nature, il faudrait l'appuyer d'une population attachée à la France par les liens du sang et toute dévouée à ses intérêts. L'appel fait aux habitants de Bourbon serait certainement entendu. Notre île ne suffit plus à la population qui s'y presse; une jeunesse active, intelligente, profiterait avec joie de l'issue qui lui serait ouverte.

De chaque famille se détacheraient quelques rameaux vigoureux qui iraient prendre racine sur cette terre nouvelle, réservée à de brillantes destinées. Pour les habitants de Bourbon il y aurait à peine déplacement; une traversée de trois jours les porterait à Diégo-Suarez : là, ils trouveraient même climat, même température, les mêmes aspects du ciel et de la terre; mais, au lieu d'un espace resserré, des terres sans limites, et, au lieu d'efforts stériles, un travail fécond en immenses résultats. En recevant une partie de la population de Bourbon, le nouvel établissement posséderait immédiatement des hommes accoutumés au soleil de la zone torride, exercés à toutes les cultures intertropicales, et auxquels la fabrication du sucre et toutes les cultures coloniales sont familières. Sur leurs pas accourraient sans doute ceux de nos frères de Maurice, et ils sont nombreux, qui n'ont pu se plier encore au joug de la domination étrangère. Par là s'accroîtrait la colonie, et d'anciennes et honorables douleurs seraient enfin consolées!

Nos concitoyens de la métropole attirés à Bourbon par des espérances qui ne peuvent se réaliser dans un territoire aussi détroit que le nôtre auraient un refuge tout préparé sur les rivages de Diégo-Suarez. Au lieu de s'en retourner désespérés et après avoir épuisé leurs dernières ressources dans un voyage stérile, ils iraient tenter à Madagascar des chances bien autrement brillantes que celles qui leur auraient échappé !

L'excédant de notre population en France, qu'attire faiblement l'Algérie avec ses guerres cruelles, sans cesse renaissantes, et son climat qui repousse les cultures intertropicales, affluerait sur une terre riche de tous les produits de la zone torride, et qui sera pacifiée, aussitôt que le gouvernement hova aura disparu.

La colonie trouverait à son origine d'admirables ressources dans la fécondité toute spontanée du sol. En différents lieux la sonde a fourni d'excellente terre végétale jusqu'à quatre pieds de profondeur. Le manioc, les patates, le riz, le maïs, croissent presque sans culture. Nous lisons dans un rapport fait au gouvernement de Bourbon par un voyageur aussi modeste qu'instruit, M. Bernier, chirurgien de la marine et botaniste, que les bœufs errent librement et par milliers dans les vastes pâturages qui s'étendent au sud de Diégo-Suarez : les vallons qui avoisinent le cap d'Ambre en sont remplis ; le poisson abonde sur les côtes et dans les rivières ; le gibier couvre les campagnes. Dans un pays aussi favorisé la nature a tout prodigué : il suffit de s'y rendre pour en recueillir les bienfaits.

Des ateliers de salaisons pourraient être immédiatement établis, et l'île Bourbon, qui manque souvent de poisson salé et ne peut en fournir aux esclaves, conformément aux prescriptions de la loi du 18 juillet 1845, qu'en faisant les plus grands sacrifices, en serait, dès lors, et à bas prix, toujours approvisionnée.

D'autres branches de commerce pourraient aussi, dès l'abord, être avantageusement cultivées.

Ainsi seraient facilement franchies les premières difficultés de la colonisation : bientôt, au sein d'une population devenue française, notre marine militaire pourrait au besoin recruter son personnel sur le théâtre même des événements, et s'y approvisionner ; des produits riches et abondants fourniraient à une immense exportation : l'importation se développerait dans la même proportion.

Le prix élevé de notre frêt, qui préoccupe votre gouvernement parce qu'il est un obstacle permanent à l'accroissement de notre marine marchande, s'abaisssera dès que nous pourrons, comme les Anglais et les Américains, construire et armer des navires à bas prix et avoir un emploi constant du capital dépensé pour l'armement.

Toutes ces conditions de prospérité commerciale se trouvent à Madagascar. Nous y aurons à bon marché les matières premières nécessaires à la construction et à l'armement des vaisseaux, et, dans un avénir prochain, un vaste marché qui le disputera en importance à ceux de l'Inde et de l'Archipel d'Asie, et qui sollicitera constamment notre marine marchande à de nouveaux efforts et à une plus grande activité.

Ce ne sont ni les rochers des Marquises, ni les îlots du canal Mozambique, qui peuvent préparer ce nouvel avenir à notre navigation du commerce.

Ce que Bordeaux, Nantes, le Havre, Marseille, toutes les villes maritimes de la France vous demandent avec nous, c'est l'occupation d'un vaste territoire, abondant en objets d'échange, pourvu d'excellents ports et destiné à devenir grand producteur de sucre, de café, d'indigo, de riz, de matières à la fois précieuses et encombrantes.

Mais il faut se hâter, tout est facile aujourd'hui, demain les difficultés surgiront de toutes parts : aujourd'hui redoutés de la reine Ranavolo, les Anglais restent étrangers aux affaires de Madagascar ; demain ils peuvent être tout-puissants à la cour d'Emyrne. L'héritier présomptif du trône, à peine âgé de 17 ans, peut être facilement circonvenu et entraîné dans des voies toutes contraires à la politique française! Si Madagascar venait à tomber sous le protectorat de l'Angleterre, comme nous en sommes menacés, notre influence y serait bientôt détruite, et la dernière chance de notre commerce maritime dans les mers de l'Inde aurait péri sans retour.

Pour prévenir un malheur aussi irréparable, le conseil colonial de l'île Bourbon, excité par son dévouement pour vous et pour la France, n'hésite pas à signaler une seconde fois à votre attention une île qui nous appartient depuis plus de deux cents ans, que nous avons trop oubliée, que nous n'avons jamais abordée qu'avec des expéditions mal dirigées, mal exécutées. C'est là cependant que la nature tient en réserve les plus précieuses ressources pour un grand établissement commercial et maritime.

Telles sont, Sire, nos inébranlables convictions, fruit de longues études et des plus sérieuses méditations.

Si nous étions assez heureux pour que l'occupation partielle ou totale de Madagascar entrât dans les desseins de votre haute sagesse, et si notre voix, toute faible qu'elle est, pouvait trouver accès auprès de votre trône, nous appellerions d'une manière toute particulière l'attention de votre gouvernement sur le choix des hommes destinés à cette grande entreprise. Toutes les fautes passées vivent dans les souvenirs et les traditions de notre colonie ; la jalousie ou la mésintelligence des chefs ou des agents, leur dureté et leur inhumanité envers les indigènes, leur déloyauté dans l'exécution des traités, ont rendu stériles les dispositions les plus bienveillantes, et fait évanouir les plus légitimes espérances. C'est par l'humanité, la justice, la plus parfaite loyauté, qu'il faut marquer notre retour : ce sont là des armes bien plus puissantes que le fer de nos soldats et les armes de nos vaisseaux ! Que notre bienveillance pour les indigènes ne soit ni simulée, ni trompeuse, qu'elle soit sincère et parte du fond du cœur ; qu'elle préside à tous nos conseils comme à toutes nos démarches ! Que les naturels voient en nous des amis véritables, et à l'exception des Hovas, qu'il faudra bien combattre, car le fer seul fait justice des oppresseurs, toutes les autres tribus accourront à nous comme à leurs libérateurs !

Sire, vous avez ouvert une ère nouvelle de paix et de développement régulier de l'intelligence et de l'industrie : rendez-la de plus en plus féconde ! Par votre raison supérieure et votre volonté puissante vous avez hâté cette époque où, cessant de s'entre-détruire, les peuples de l'Europe tournent enfin leurs efforts vers un but d'humanité et s'appliquent, comme de concert, à éclairer et policer les membres les plus délaissés de la grande famille humaine : faites que la France accomplisse tout entière la part de civilisation qui lui est dévolue, et cette part c'est surtout Madagascar ! Les lumières si pures de l'Évangile doivent enfin pénétrer cette terre malheureuse qui leur est fermée depuis si long-temps ! Les temps sont arrivés ! Madagascar ne peut plus rester en dehors de la sphère d'activité de la France. Une grande révolution va s'accomplir autour de nous ! Déjà les bateaux à vapeur ont sillonné les côtes d'Adel et les rivages de l'Abyssinie : bientôt ils uniront entre elles, dans une communication rapide, toutes les diverses parties de l'archipel malgache et cet archipel à l'Inde et à l'Afrique ! Cette mer Erythrée, sur laquelle les souvenirs d'Ophir jettent encore tant d'éclat, semble reservée à une splendeur nouvelle.

La France, Sire, a été grande par les armes durant toutes les phases guerrières de son histoire : qu'elle le soit maintenant par les arts de la paix, par le développement de son commerce et de son industrie, et par une participation active à cette œuvre de civilisation que l'Europe accomplit si glorieusement à l'égard de toutes les autres parties du monde ! Ce sera le triomphe de votre politique et la gloire de votre règne.

Nous sommes avec le plus profond respect,

De votre Majesté,

Sire,

Les très humbles, très obéissants et très fidèles serviteurs,

Le Président du Conseil colonial,

H. MARTIN DE FLACOURT.

Les Secrétaires,

A. FITAU,   P. GRESLAN.

La présente adresse au Roi a été délibérée et votée à l'unanimité dans la séance du 24 février 1847.

Le Président,

H. MARTIN DE FLACOURT.

Les Secrétaires,

A. FITAU,   P. GRESLAN.

Paris. — Imprimerie de GUIRAUDET et JOUAUST, rue Saint-Honoré, 315.